채희문 시인

경기도 포천 출생.
한국외국어대학 독어과에 다님.
「월간문학」 신인상으로 등단.
저서 및 역서로 《세계명작 영화 100년》
《문 밖에서》《쉬쉬푸쉬》《가로등과 밤과 별》
《두 사람의 롯데》《가을 레슨》《밤에 쓰는 편지》
《추억 만나기》《어느때까지이니까》《우이동 시인들》(25권)
《혼자 젖는 시간의 팡세》《소슬비》《고목에 꽃 피우기》
《시집 잘못 간 시집》《바보새》등 60여 권.
한국일보사 주간 월간 일간스포츠 편집부장,
공보처 전문위원 등을 역임.
한국문인협회, 우이동 시인들 회원. 공간시 명예회원 역임.

- 연락처: 경기도 의정부시 부용로 49,
  주공 그린빌 104-701 〈참詩 작업실〉
- 전화: 010-3959-0904

2005년에 중국 5악 중의 황산에 올라있는 필자 모습.

2001년에 전남 장흥 천관산 자락에 세워진 <타임캡슐탑> 속에 유명한 시인, 소설가의 책들이 있는데, 채희문의 시집 『가을 레슨』 등 5권이 그 캡슐 안에 있음.

천관산 자락 자연석에 새겨진 채희문의 「가을 레드 레드」 시비.

아주 작은 밀실 같은 필자의 서실.

머리말

진짜 진짜 나의 마지막 시집입니다.
"무슨 한과 사연들이 그리 많아 꼭 읽어 봐야 좋을
채희문 표 100편 시선집"을 보냅니다.
소망, 은혜, 사랑, 믿음 4부로 나뉨입니다.

내 인생의 시의 롤 모델은 김소월 윤동주 박목월 황금찬 박희진
강민 라이너 마리아 릴케 등 유명한 일곱 분 시인입니다.

시는 술처럼 숙성 기간을 거쳐야 한다.
생각 없이 내뱉는 말처럼 시도 남의 마음을 상하게 할 수도 있다.

저 눈부신 황홀한 저녁 꽃노을을 보면서
아름다운 내 마지막 마감을 꿈꿔 봅니다.

먼저 간 하늘나라의 친구들도 곧 만날지…,
좋은 선한 주 예수님도 곧 반갑게 뵐지도 몰라요.
독자 여러분, 고맙고 감사합니다.

 목차

머리말

제1부 소망

가을 레슨 ·· 16
하늘에 별 심기 ·· 18
하얀 눈 엽서 ·· 20
나그네의 길 ·· 22
소슬비 ·· 24
두 번 없는 인생 ·· 26
먼지와 초록별 ·· 27
만시지탄 타령 ·· 28
가을과 겨울 사이 ·· 29
지우기와 비우기 ·· 30
그래도 섬 ·· 31
북한산 · 7 ·· 32
북한산 · 15 ·· 33
빈 산길 ·· 34
가을님 가시니이까 ·· 35
책갈피 속 단풍잎 ·· 36
그리움 ·· 37
마지막 눈물 편지 ·· 38
죽음을 넘어서 ·· 40

그리움은 끝없이 ·· 42
아내 ·· 43
반행伴行을 위한 노래 ·· 44
우이동 눈 ·· 46
가을 소나타 ·· 48
자화상自畵像 ·· 50
가을 레슨 · 5 ·· 51
가을 아리아 ·· 52
혼자 젖는 시간의 팡세 · 1 ·· 53
가을 아내 소고小考 ·· 54
겨울 편지 ·· 55
첫눈(初雪) ·· 56
나무 같은 사람 ·· 57
가장 멀고 긴 여행 ·· 58
시계명詩戒命 ·· 60
빈손의 길손 ·· 61
까치집 ·· 62
겨울 빈락貧樂 ·· 63
주머니 없는 옷 ·· 64
무엇인들 한결같으랴 ·· 65

제2부 은혜

세월은 가도 그리움은 남아 ·· 68
아름다운 지병持病 ·· 70
덕현리 가을 ·· 71
낙엽의 수목장 ·· 72
가을 바이러스 ·· 73
가을 나기 ·· 74
저녁노을 ·· 75
빈 배낭 ·· 76
요즘 일과日課 ·· 77
공심채 ·· 78
'나 혼자' ·· 79
희망 사항·7 ·· 80
안에서 내리는 비 ·· 81
겉 따로 속 따로 ·· 82
포기를 포기 ·· 83
로키 시네라마 ·· 84
눈물의 벽 ·· 86
만리장성萬里長城 ·· 87
칭따오로 떠나요 ·· 88
황산黃山 별곡 ·· 90
황산 연인송戀人松 ·· 92
하늘 호수 ·· 94
백두산 미인송美人松 ·· 96
김영랑 생가에서 ·· 97
청량淸凉 산정山頂 ·· 98
다시 제주에 가면 ·· 99
아, 그 이름 도봉道峰이여 ·· 100

제3부 사랑

영원한 아리아 ·· 104
사랑도 (섬) ·· 105
그대 오시라 ·· 106
홀로 사랑 ·· 108
천만세의 그리움 ·· 109
아름다운 충전充電 ·· 110
천년의 사랑 ·· 112
가을 사랑 ·· 113
겨울 사랑 ·· 114
잊을 수 없는 사랑 ·· 115
그런 그대 그리워 ·· 116
그지없는 그리움 ·· 118
가슴속에 피는 꽃 ·· 120
그대는 마음의 양식 ·· 121
아름다운 동행 ·· 122
사랑도 사계절이네 ·· 123

제4부 믿음

아내의 기도 ·· 126
어느 날의 기도·3 ·· 127
어느 날의 기도·10 ·· 128
어느 날의 기도·12 ·· 129
어느 날의 기도·23 ·· 130
어느 날의 기도·73 ·· 132
어느 날의 기도·74 ·· 133
어느 날의 기도·75 ·· 134
어느 날의 기도·76 ·· 135
어느 날의 기도·77 ·· 136
어느 날의 기도·78 ·· 137
어느 날의 기도·79 ·· 138
어느 날의 기도·80 ·· 140
어느 날의 기도·82 ·· 142
어느 날의 기도·83 ·· 143
어느 날의 기도·84 ·· 145
어느 날의 기도·85 ·· 146
어느 날의 기도·86 ·· 147
어느 날의 기도·87 ·· 148
어느 날의 기도·88 ·· 149
어느 날의 기도·89 ·· 150
어느 날의 기도·90 ·· 151
어느 날의 기도·91 ·· 152
12월의 기도 ·· 153
말 중의 말 ·· 155

채희문 표 시 100편 선집

제1부

소망

가을 레슨

가을이 가기 전에 한번쯤은
떠나 볼 줄도 알아야지

좀 돌아서 갈 줄도 알아야지
좀 천천히 갈 줄도 알아야지

점점 높아지는 하늘
점점 낮아지는 땅
그 사이에서 점점 흔들리며 작아지는
나
새삼 느껴 볼 줄도 알아야지

떨어지는 잎, 다시 볼 줄도 알아야지
싸늘한 바람에 손만 흔들고 서 있는
나무들도, 다시 볼 줄 알아야지

좀 멀리 볼 줄도 알아야지
좀 가까이 볼 줄도 알아야지
깊은 것도
얕은 것도

함께 볼 줄 알아야지

가을이 가기 전에 가을비
아침 이슬 같은 빗물로 만나
한번쯤은 썰렁한 가슴
젖어 볼 줄도 알아야지

가을이 가기 전에, 한번쯤은…

하늘에 별 심기

어차피 춥고 무서운
겨울밤 같은 세월
살아갈 바에야
마음속에 하늘을 가꾸며
별을 심자

어두운 세상
어두울수록 빛나는
추운 가슴 추울수록
따뜻한
서러운 밤 서러울수록
그 옛날 질화로 속의
불씨 같은 별을 심자

아무리 슬픔과 아픔이
앞을 막아도
한발 물러서서
더 멀리 바라보며
우리의 마음속
제일 깊고 높은 하늘에

별 하나 지면
또 하나 심고
또 둘 지면
다시 둘 셋 심고
곤고한 일
바다의 물이랑처럼 밀려와도
허망의 잠
자꾸 무겁게 눈 감겨와도
새로운 별 자꾸 모종 내
마감 시간 마지막
그 순간까지
빛의 씨앗 싹 틔우듯
꽃 송우리 피우듯
별 하나, 별 둘, 별 셋
별같이 깨어
별을 심자.

하얀 눈 엽서

하늘에서 한없이
하얀 눈 엽서들이
날아오네

욕심의 때로 더럽혀진
사람들의 검은 마음을
하얗게 씻어내고
하늘나라 가는 날까지
깨끗이 하얗게 살라고…

선한 좋은 하나님이
띄우는 하얀 마음의
눈 엽서들처럼
그런 사연의
눈물송이들처럼
그런 그리운 그대의
순결한 사랑의
속삭임처럼…

하얀 눈 엽서들이

한없이 한량없이
하나님의 하얀 말씀으로
믿음, 소망, 사랑
내리네……

나그네의 길

인생은 이 풍진 세상에
새옹지마 나그넷길
물도 건너봐 알고
사람도 같이 지내봐
알게 되리…

아, 친구들이여
앞서거니 뒤서거니
어디로 사라져 갔을까
보고 싶은 얼굴들
항상 그리워지네…

나는
여행 파트너도 없고
외로운 외길
물론 왕복표도 없고
쉼 벤치도 없고
알코올도 없는
이방인 타향살이 같은
신세 설움…

저 눈부신 저녁 하늘 꽃노을에
추억으로 가는
내 쓸쓸한 뒷모습
나그네의
길……

소슬비

가을비엔
우산도 소용없네
가슴부터 젖으니까

우수수 지는 나뭇잎엔
빗자루도 별수 없네
마음속에 낙엽들은
그대로 있으니까

이처럼 속절없이
가을은 가고
타오르는 단풍잎처럼
그리움은 남아
아득한 하늘자락까지
사무치다가…
시나브로 빗물 되어
소슬비로 내리네

누군가 어디선가
온 가슴속까지 젖어

소슬비
쓸쓸히
내리네.

두 번 없는 인생

인생은
예습도
복습도
없네

왕복표도
연장전도
없네

예고 표시도
휴게소도
정류장도
없네

인생은
오로지
죽음 통해
원 웨이 티켓
하늘나라
뿐.

먼지와 초록별

나는 나그네
작은 지구에 태어나
부초처럼 살다가
내가 죽으면
우선 먼지 같은
재가 되지만
그 후에 무한한
우주 공중 천둥 번개 칠 때
한 송이 꽃처럼
다시 피어나
나비같이 가볍게 날아가
큰 초록별 되어
하나님 반갑게 만나
찬란하게
영원히
빛나리.

만시지탄 타령

슬픔을 통해
웃음을 배웠네
눈물을 통해
기쁨을 알았네
불행을 통해
행복을 배웠네
이별을 통해
만남을 알았네
사랑을 통해
그리움 배웠네
아픔을 통해
건강을 알았네
노년을 통해
젊음을 배웠네
매운맛 통해
매운맛 알았고
죽음을 통해
죽음을 배웠고
하나님 통해
감사함 알았네.

가을과 겨울 사이

만남과 이별
두 계절의 가을 겨울
흔들리는 그 사이
그 때문일까
문득문득
생각나는 사무친
그리운 그대의 얼굴과
오랜 친구들
간절히 보고 싶어라

아무도 몰래
빠르게 속절없이
흘러간 세월이여
그 좋던 기억들과
그 재밌는 추억들도
그 시절로 돌려다오
그 세월을 말 좀 해주오
가을 단풍 지기 전에…
겨울 삭풍 불기 전에…

지우기와 비우기

욕심도
미움도
질투도
고집도
집착도
미련도
명예도
가슴속
지우는
지우기
아니면
마음속
비우는
비우기.

그래도 섬

"그래도" 섬을
아시나요
마음속에만 있는
신비한 섬

저 산 너머 아닌
저 강 너머 아닌
저 바다 수평선 아닌
이래도 저래도 아닌

나도 너도 그도
소중한 가슴속
마음에 있는
아주 외로운 섬
"그래도"

북한산 · 7

산이여, 북한산이여
높은 산은 높게 사누나
깊은 산은 깊게 사누나
높은 산과 깊은 산은
멀리 보고 넓게 사누나.

북한산 · 15

산은 나더러
나를
부끄러워하라 하네

산은 나한테
남을
용서하라 하네

산은 나에게
사는 날까지
사는 것들을
사랑하라 하네

산은
만날 때마다
가르치는 스승
오르막 내리막
사람답게 사는 길
훈수 두곤 하네.

빈 산길

저 아득한
메아리도 없는
적막공산
홀로 가는
산길

저 멀리
굽이굽이
쓸쓸히 돌아가는
무소유의
길
아니 북망산의
길

오시는 듯
가시는 듯
안개만 자욱한
깊고 깊은
빈 산
길.

가을님 가시니이까

아, 가을님이여
벌써 떠나가시니이까

곱디고운
단풍잎들이
떨어지고
낙엽들 돼
슬프게 쓸쓸히
흙 땅에 뒹구시나요

이젠 겨울인가 봐요
그리운 그대 님과
좋은 옛 친구들
사무치게 보고 싶어요

아, 저만치 못 들을 척
속절없이 흐르는
무정한 야속한
세월이여.

책갈피 속 단풍잎

시여, 나의 시여
그대의 아리따운 손
안에 들려진
책갈피 속에 꽂힌
곱디고운 빨강 자주색
단풍잎새 되어다오
그처럼 향기 나는
소중한 아름다운
백년, 아니 천년의
사랑시 단풍잎새
되어다오.

그리움

까도 까도
양파처럼
그지없는
외로움

닿을 길 없는
그리움

아련한
안개
사랑.

마지막 눈물 편지 – Last Letter

처음으로
돌아가리라

내 인생
지상 여권 기한
곧
만료
갱신 불가

저 하늘 본향으로
나 돌아가리라

이 세상에 만났던
아내 아들 딸 형제
친구 친가 친척 등
모든 사람에게
미안하고
고맙고
사랑하고…

먼저 가 계신
불쌍한 부모
불효자
용서
눈
물
.
.

끝으로
창세게 3장 19절
'너는 먼지이니,
먼지로 돌아가리라'

죽음을 넘어서

어쩌다
여기까지

소리 없는
총, 또는
날벼락 같은
뇌졸중
반신불수

에엥~ 에엥~
사이렌 소리
의정부서 서울로
앰블런스 구급차
세브란스 병원
응급실로

무한 리필
산소마스크

몇 번이나

죽음을 넘어
저 생애에 갔다 온
다시 살아난 그 사람

그 이름조차 잊혔던
채희문

하나님 주신 귀한
여생
덤 보너스
구세주님
고맙고
백 번, 천만번
감사 감사…
아
멘
!

그리움은 끝없이

비에 쓴 그리움
빗물에 휩쓸려 사라지고

나뭇잎에 쓴 그리움
바람에 떨어져 사라지고

눈밭에 쓴 그리움
눈 녹으면 사라지고

모래밭에 쓴 그리움
물결치면 사라지고

가슴속에 새긴 정
그리움은 끝없이
사랑은 깊어가네

그러나 세월은
속절없이 야속해도
점점 빠르게
저 멀리 지나가네.

아내

내 안에 사는 아내여
안내案內하는 아내여

어진 사랑의 입맞춤이여
아는 사랑의 살맞춤이여
살찌는 사랑의 상차림이여

밤에는 별씨알로
낮에는 해씨알로

점지하는 살림의 뮤즈여

반행(伴行)을 위한 노래

어차피 우리는
끝까지 같이 가지는 못하네
도중에 헤어지게 마련

그러나 한세상 살며 만나는 동안
되도록 같이 높게 날아올라
함께 멀리 내다도 좀 보고

천 길 깊은 마음에서 출토(出土)되는
속 깊은 생각도 주고받아 보고

비 오는 날은 한마음 창가에서
한 빗방울로 촉촉이 젖어도 보고

눈 오는 날은 목화솜 같은 눈송이로 만나
한 눈사람으로 녹아도 보고

지는 가을 햇빛 뒤돌아보며 떠나는
가랑잎 하나에도
빈 그릇 가슴 되어

한 눈물로 가득 채워도 보고-

하여튼 나는
그대가 추운 입술로 떨고 있을 때
그대 앞에 따끈한 차茶 한 잔이고 싶네

그대가 괴로움에 겨워 잠 못 이룰 땐
나는 그대 머리맡에
진한 감로주甘露酒 한 잔이고 싶네

우이동 눈

우이동에 오는 눈은
서울서 제일 깨끗하게 맨살로 내려와
딴 데보다도 맨 나중까지 남아서
우리네 겨울 살림의 썰렁한 구석구석들을
고루고루 포근히 덮어주거든

온 장안 거리의 눈이 더럽혀지고
어느덧 없어져도
늘 마지막까지 조용히 견디다가
시내를 떠나 모인 동네 사람들의
출출한 가슴 속까지 일일이 찾아와
적셔주거든

그러다 한 사나흘
따슨 햇살에 헤어질 때는
온 길로 되돌아가는 적 없이
슬며시 어디론가
우리네 인생처럼
슬쩍슬쩍 떠나가 버리거든

우이동 눈은 남의 말 들은 척 않고
서울서 제일 오래오래 남았다가.

가을 소나타

가을도 다 갈 때쯤
거울을 깊숙이 들여다보면
내 얼굴은 가진 것이 없다

한여름 내내 정겹던 이야기들도
뜨겁던 그 노래들도
가랑잎처럼 덧없이 흩어지고
빈 나무 맨살 가지에
차가운 가을 빗방울

밤 깊을수록
나 혼자만 덩그라니 남겨놓고 가버리는
썰렁한 쓸쓸바람

아무런 떠날 준비가 안 된 나그네의
담배 연기

저다운 색깔로 차분히 익은
늦과일 몇 개라도 남겨놓고픈
이 계절에

가지고 갈 것도, 남기고 갈 것도 없이
빈 들녘, 빈 곳간, 빈 호주머니뿐인
아, 나는 빈손의 길손인가.

자화상 自畵像

가는 길 닦으며 길 가는 사람

제 길 살아라, 제 길 살아라
사는 날 다하는 날까지
자기 길 갈며 길 가는 사람

구름에 풀며 물에 띄우며
언제나 버리며 비우는 끝에
얻는 무심결 맑은 수면水面에
은은한 깨침의 수문水紋지는 미소

아 동트는 자신의 하나 얼굴
제 얼굴 살아라, 제 얼굴 살아라

먼 안갯속 고행苦行의 길
혼자서 닦는 길을

자신을 만나며 가는 사람
가는 듯 어느새 다시 오는 얼굴.

가을 레슨 · 5

가을이면 나무들은 그림을 그리는가
빨강, 노랑, 다갈색……
조화로다, 조화로다

가을이면 나무들은 시를 쓰는가
소슬바람 한 잎, 두 잎
스스로를 하나둘 떨구어가며
가는 세월의 시를 쓰는가

가을이면 산과 들은
시화전을 여는가
보이지 않는 손길의 붓과 물감과 글씨로
그림과 시를 이루곤
우리의 가슴까지 캔버스로 만드는
감동적인 예술가가 되는가

그래서 우리는, 가을이 다 가도록
가득한 느낌의 시간에 젖어 살다가
겨울바람이 오는 길목에서
가슴 설레며 울먹이는
마지막 수업의 학생이 되는가.

가을 아리아

가을엔 떠나리라
가을비에 젖고 있는 나무들과 만나리라
가슴 더욱 쓸쓸하게 소슬바람 담으리라
가랑잎처럼 가볍게 심신을 풀어놓고
나의 낮고 깊은 데까지
무겁게 젖어 보리라

사무친 사랑의 사연은 아니어도
떨리는 갈꽃처럼 추운 그대에게
단풍잎 같은 마지막 절절한 편지를 띄우리라

가을이 다 가도록 기다리리라
허공에 찢어버린 작은 엽서 조각들처럼
떨어지는 잎새와 첫눈이 어우러져 흩날리는 날
먼 여행길에서 돌아와 선 나그네처럼
한 그루 겨울나무의 가르침을 배우리라
다 비우고야 가득해짐을 간직하리라

다시금 미지의 새로운 시간으로 가는
차표를 끊으리라

혼자 젖는 시간의 팡세 · 1

풀과 나무는
봄에 다시 태어나지만
사람은
가을에 다시 태어난다

인간은
가장 외로울 때
가장 순수하다
가장 고절하다

그 순간에 맺는
지순한 눈물은
가장 청정한 물기가 모여 빚어낸
가장 순도純度 높은
보석이다
영혼의 이슬이다.

가을 아내 소고 小考

으레 안에 있는 아내여서 그랬을까
으레 옆에 있는 여편네여서 그랬을까
으레 마주 눕는 마누라여서 그랬을까
아니면, 이 몸 한눈파느라 여념이 없어서 그랬을까
그처럼 그냥 있는지 없는지 싶던 아내가
어느 날부터인가, 아니 날이 갈수록 점점
태산처럼 커지며 엄청나 보이데
하늘처럼 한없이 높아지며 드높아 보이데

아, 그러다가 어느 날 어느 순간에
새끼들에게 다 파먹히고 난
빈 우렁이 껍데기처럼 가련해 보이데.

겨울 편지

오는 날은 줄어들고
가는 날은 늘어갑니다

만날 수 있는 사람은 줄어들고
만날 수 없는 사람은 늘어갑니다

내일에 사는 시간은 줄어들고
어제에 사는 시간은 늘어갑니다

한 오백 년 살 것 같던 세월
한 삼사 년, 아니 한 서너 달쯤 살았을까 싶은 기분인데
어느새 마감 시간이 다가오고 있습니다

사랑하던 사람들도 사라져 갑니다
그러나 그리움은 그대로 그지없습니다
마르지 않는 샘물처럼 자꾸만 고입니다

외로움도 겨울 가슴 빈 뜰에
흰 눈처럼 한없이 쌓여만 갑니다.

첫눈(初雪)

그대 다시 오고 있구나
처음 그때의 숫처녀 그대로
그 순결한 살결 그대로
그대 하얗게 오고 있구나

온 세상 신천지로 장식하듯
하얀 꽃무늬의 레이스 커튼을 내리듯
그동안의 목마름, 기다림과 그리움까지
포근히 감싸며 흠뻑 적셔주듯

저 높고 높은 하늘과
이 낮고 낮은 땅 사이를
비로소 하얀 만남으로 이어주듯
퍼엉 펑, 퍼얼 펄
한량없이, 그지없이
우리의 가슴속에
잃었던 동화의 나라 열어주며
성처녀처럼 성결하게
첫눈맞춤처럼 청신하게
신선한 눈짓으로 오고 있구나
신성한 숨결로 내리고 있구나.

나무 같은 사람

찾아가면 언제나
기다리듯 그 자리에 서 있는 나무

바람 불면 같이 흔들리고
눈비 오면 먼저 맞아주고
여름날 불볕 쏟아질 땐
시원한 그늘 펴주며
지친 발걸음 쉬어가게 하는 나무

그런 나무 같은 사람은 없을까
그렇게 사시사철 변함없는
소나무 같은 길벗은 없을까

아니, 이제라도
나부터 그런 존재로 거듭날 수는 없을까.

가장 멀고 긴 여행

가장 멀고 긴 여행은
나를 찾아가는 길

그 여로와 행선지는
일생을 두고 헤매듯
가늠할 길 없는 미로나 오지 같은 거

그러나 언제 어디를 향하든
거기서 누구를 해후하든
궁극엔 자신과의 데이트

그렇다면 나는 그동안
나를 만나러 가는
그 은밀한 밀회 같은 여정을
어디까지 가 봤을까

거울 안의 내 모습을 대하듯
진정한 내 안의 나와
몇 번이나 대면해 봤을까

나에게 이르는 그 낯설고 곤고한 길을
그지없이 멀고 외로운 그 길을
얼마나 떠나 봤을까

과연 내 여행의 끝은 언제 어디쯤일까.

시계명詩戒命

시를 많이 쓰려고 애쓰기보다
무구無垢한 시 한 편의 출산을 기다리라

위대한 시인에의 집착은
독재자의 야욕보다 나을 게 없다

욕심을 벗어야
말의 군살이 빠진다

시는, 다 버리고 남은
마지막 기도의 말이어야 한다
하늘 앞에
최후의 진술이어야 한다

시를 쫓아다니지 말고
백지의 마음으로 떠나고 또 떠나라

그래야 알몸 가슴의 시와 다시 만난다
그래야 영혼의 생살에 닿는 시와 만난다.

빈손의 길손

정거장에서 차를 기다리다가
잠시 의자에 걸터앉아
새삼스레 빈손을 내려다보네

어느 지방 도시 저잣거리의
어설픈 약도 같기도 하고
그동안 살아온 변두리 세상길의
축도 같기도 한 손금들
그런 내 손바닥을 물끄러미 들여다보네

나는 지금 어디 쯤에 있고
어디로 가고 있는 것일까
아니 얼마를 더 가야 하는 것일까

속으로 중얼거리듯 물어보지만
썰렁한 손가락 사이 사이로
소슬바람만 흩어져 가네.

까치집

바람 불면 바람도 적당히 새어 나가고
비 내리면 빗물도 적당히 흘러버리고
낮에는 햇빛, 밤에는 달빛
시간 따라 적당히 드나들고
그렇게 상하좌우가 온통 틈새인
엉성한 한 다발의 가난한 나뭇가지 집

그러나 어떠한 강풍에도
가공할 위력의 태풍에도
끄떡없이 잘도 견뎌내는
절묘한 공법의 까치둥지

사람들아
요즘 같은 다사다난한 난세를
무사 무난하게 살아내려면
우리도 저 까치집을 닮아야 하지 않을까.

겨울 빈락貧樂

이젠 보이네
빈 나뭇가지의 아름다움도

싱그러운 이파리와, 향기로운 꽃송이와
감미로운 열매의 봄 여름 가을 나무도 근사하지만
그 모든 것들을 다 떠나보내고
텅 빈 들녘 같은 가난 속에
아득한 지평선 같은 외로움만
안으로 삭이고 삭이며
혈혈단신처럼 서 있는 나무

맨살에 이는 추운 바람 속에
더 이상 가질 것이라곤 없는
그 빈 가지들이 연주하는
청빈한 나신裸身들의 어우러짐
그 고요

이젠 비로소 그런 것들이
순결한 눈짓으로 다가온다네
아름다운 추억의 물결처럼
가슴 깊숙이 젖어든다네.

주머니 없는 옷

어려서부터 나는
주머니가 많이 달린 옷을 좋아했는데
그 취향은 어른이 되어서도 변하지 않아
늘 사파리 스타일의 옷을 즐겨 입었는데
그렇다고 주머니마다 가득 채우며
살아오지도 못했는데

어느덧 날은 저물고
부질없는 잡다한 욕심 다 접고 나서
쓸데없는 빈 주머니만 주렁주렁
이제 와선 거추장스럽기까지 하네

그러니 세상 사람들아
괜한 과욕 부리지 마라
저승길 나들이옷 수의엔
아예 주머니가 하나도 없다더라.

무엇인들 한결같으랴

물결 없는 강물도 강이더냐
파도 없는 바다도 바다이더냐

사람 마음인들 어찌 한결같으랴
바람 불면 흔들리고
구름 지나면 그림자 지고
비 내리면 젖기도 하나니

그처럼 누구나 살다 보면
남모르는 어둠의 시간 속에서
이슬처럼 영롱하게 맺혀오는
슬픔은 있는 거
호젓이 촛불처럼 타고 있는
혼자만의 외로움도 있는 거.

제2부
·
은혜

세월은 가도 그리움은 남아

서울 북촌 변두리 어느 길목에
값도 싸고 주모도 제법 그럴싸한
허름한 술집 하나 있었네

우린 거의 매일 저녁 그 집에 들러
그날의 이런저런 애기들을 나누기도 하고
국가와 사회와 회사에 울분을 터뜨리기도 하며
애꿎은 술잔을 열심히 비우곤 했네

그런 날이면 으레
저 남쪽 바닷가 어디에선가 흘러왔다는
그 집 아줌마의 얼굴도 덩달아 발그레 꽃이 피며
가요 반세기 구슬픈 노랫가락을 술처럼 술술술…
때로는 '여자의 일생'을 '남자의 일생'으로
바꿔 부르기도 하며
젓가락 장단에 애간장 녹이는 목소리로
우리의 울적한 가슴 술보다 취하게 했네

어느덧 세월이 흘러
그 길목도 변하고, 그 집도 아련한 추억 속으로

사라졌지만, 어쩌다 그곳을 지나칠 때면
누군가 자꾸만 나를 부르는 것 같아
그리움 얼굴 아직도 기다리는 것 같아
뒤돌아보고 또 돌아보네.

아름다운 지병持病

죽음보다 무서운 게 배고픔이라고
오랜 세월 그렇게만 알고 살아왔는데
이제 보니 더 겁나는 게 외로움이데
그보다 더 못 견딜 게 그리움이데

눈에 보이지도, 귀에 들리지도 않는
알쏭달쏭 아리송한 그 무엇인가가
아직도 가슴 깊은 곳 어딘가에
불씨처럼 남았다가
시도 때도 없이 불꽃을 피우며
동지섣달 기나긴 밤에도
꺼질 줄 모르데.

덕현리 가을

청평에서 현리 쪽으로 조금 가다 보면
산수가 그럴싸하게 어우러진
덕현리란 동네가 나타나는데
나같이 부덕한 사람들
이곳에 머물며 세속의 때를 씻으며
덕부터 쌓으란 뜻일까

오늘도 녹수천 맑은 냇물은
여인의 곱게 빗은 생머릿결처럼
마을 앞을 흘러가는데
날마다 물가에 나와 세월을 낚던 노인
오늘은 하루 종일 보이질 않네

어느덧 가을은 깊어
냇가의 나뭇잎들도 우수수
소슬바람 따라 물결 따라
어디론가 떠나가네.

낙엽의 수목장

늦가을 해 질 무렵
한 노인이 빗자루를 들고나와
낙엽을 쓸고 있네

바람에 흩어지지 않도록
조심스레 쓸어 모으더니
마치 불쌍한 낙엽들을
제 어미의 품으로 돌려보내듯
나무 밑 부드러운 땅에
묻어주고 있네

사람도 때가 되면
누구나 낙엽 되는 거

이왕이면 우리도 저처럼 자연스레
본래의 뿌리로 돌아간다면
얼마나 좋을까.

가을 바이러스

왠지 떠나고 싶은 나날
왠지 걷고 싶은 낙엽 쌓인 옛길
왠지 찾고 싶은 바닷가 그 찻집
왠지 듣고 싶은 추억의 그 노래
왠지 보고 싶은 그리운 그 얼굴
왠지 쓰고 싶은 눈물 젖은 긴 편지

아, 그토록 그지없이 쓸쓸한
가을이 오면 왠지……

가을 나기

언제나 가을은
한없이 쓸쓸해지라 하네
혼자의 시간을 가지라 하네

조용히 자신을 가다듬으며
아름다운 마지막 성숙의 고통을
차분히 받아들이라 하네

가을은 그처럼
아쉬움도 미련도 다 접어놓고
맑게 비운 저 하늘처럼
높고 깊어지라 하네

다시금 그렇게
멀리 떠나는 길에 서라 하네.

저녁노을

서녘 저 하늘 집엔
누가 살길래
저토록 현란한 등불을
켜놓고 있는 것일까

이제 곧 밤이 되리니
몸과 마음의 짐
다 내려놓고
어서 이리와 편히 쉬라고
누군가 청사초롱 불 밝히며
나를 기다리고 있는 것일까
나를 마중 나오려는 것일까.

빈 배낭

왠지 난 요즈음
먼 길을 정처 없이 떠돌다가
고향에 돌아오는 것 같네

무엇이 그저 못마땅해
늘 밖으로만 뛰쳐나가려 했을까

무슨 대단한 꿈을 이루겠다고
그렇게 멀리 떠나려고만 했을까

그런데 지금은
오랜 타향살이에 지쳐 돌아오는
나그네처럼
어느 해질녘 빈 배낭 하나 둘러메고
고향역에 내리고 있는 것 같네

마침내 고향집 거울 앞에 와
비로소 나를 만나고 있는 것 같네.

요즘 일과 日課

요즘 하는 일은
주로 바라보는 일

미워하거나 화내지도 않고
탓하거나 서운해하지도 않고
잘 보이지 않는 눈으로
잘 들리지 않는 귀로
좀 뒤로 물러서서
바보처럼 바라보거나
그저 듣기만 하는 일

아니면, 가을바람에
가랑잎 굴러가듯
덧없이 떠나가는 것들을 향해
사랑과 연민의 눈길로
용서와 감사의 미소로
석별의 손을 흔들어주는 일

그러다 때로는
서녘 하늘 바라보는 노을 젖은 눈에
이슬방울 맺히기도 하지만……

공심채

가을빛 물들어가고
찬바람이 불어오고
다른 든든한 친구들은 괜찮지
나는 쓸쓸하고
괜히 처량하고
왠지 서글프더라

아내 몰래
나 같은 환자에 좋다는
잣막걸리를 마시며
내 속처럼 속이 비어있다는
공심채를 반찬처럼 안주로 씹으며
한 잔, 두 잔, 세 잔
막걸리를 반주처럼 마시네.

'나 혼자'

나무나 꽃이나
새 같은 보통명사 아래
수없는 이름의 나무와 꽃과 새가 존재하듯

인간이란 두 글자 밑에도
수천, 수만, 수억
아니, 이루 헤아릴 수도 없는
이름의 사람들이 살고 있지만
평시에 그걸 의식하든 못하든
사실상 인류 공통의 명칭을 또 하나 가지고 있나니
성은 '나'요 이름은 '혼자'

아무리 형광등 같은 사람일지라도
이승을 등지는 마지막 순간에 이르러서는
문득 본래의 자기 이름처럼 떠올리는
'나 혼자'.

희망 사항 · 7

빗줄기 후두둑 유리창에 뿌리는 날
나뭇잎 우수수 보도에 떨어져 뒹구는 날
하얀 눈 펑펑 내리며 천지에 흩날리는 날
그런 날엔 난 아직도
죽고 못 살게 센치해진 어느 소녀처럼
훌쩍 어디론가 떠나고 싶은 사람이어라

마치, 이국땅 어느 분위기 있는 카페에서
커피를 마시며 지도를 펴들고
다음 행선지에 가슴 설레고 있는 여행자처럼
난 아직도 떠나고 싶은 길손이어라

가는 곳마다
아니 눈에 띄는 것마다
희한하고 신기한 이 나라 저 도시
그 낯선 공항과 기차역 대합실을 서성거리는
배낭 멘 이방인이고 싶어라
난 아직도 그렇게 떠나고 싶은 나그네이어라.

안에서 내리는 비

비는 이따금
하늘에서나 주룩주룩 내리고
강물도 산야에서나 흐르는 줄 알았는데
고달픈 세상길 이만큼 지나오다 보니
사람의 가슴속에서도
보이지 않는 비는 내리고
그 빗물 같은 눈물 고이고 넘쳐
때로는 강물로 흐르기도 하데요
때로는 바닷물로 물결치기도 하데요.

겉 따로 속 따로

겉을 보고, 겉을 듣고
겉을 느끼는 일은
누구나 하기 쉬운 일

그러나 속을 보고, 속을 듣고, 속을 느끼고
그처럼 속속들이 속사정을 헤아리는 일은
아무나 쉽지 않은 일

그래야 세상사는
겉 것보다 속 것이 더 소중하고, 비중 또한 큰 건데
대부분의 사람들은
서로가 속은 주지 않고
겉에서 겉으로 겉돌며
겉치레만……

그러다 보니
어리석게도 이 속세의 한평생을
속이고 속는 속인으로 살다 가는 건 아닌지.

포기를 포기

아침엔 아픔으로 눈이 뜨이고
저녁엔 절망으로 눈이 감겨와도
그처럼 나날이 암담하기만 해도
그 암울한 안개의 커튼 뒤에다
사랑하는 사람을 상상해 놓고
그리움의 그림을 그리듯 살자

어떤 역경의 밀물이 밀어닥쳐도
포기할 생각만은 포기해야 하는 것

죽음 같은 공포의 물결이 파도치는
막다른 절벽의 끝에서도
새로운 햇님을 길어 올리는
구원의 손길을 꿈꾸는 것

마치 사랑과 그리움의 퀴즈를 풀며
행복의 내일을 내기하는 연인들처럼
마지막 순간까지 아름다운 꿈으로
막을 내리자.

로키 시네라마

눈이 감긴 채 떠지지 않는 사람은
캐나다 로키에 와 보라
입이 다물린 채 벌어지지 않는 사람도
로키에 와 보라
가슴이 꽉 닫힌 채 열리지 않는 사람도
로키에 와 보라
아직도 욕심의 비곗살이
마음속에 숙변처럼 붙어있는 사람도
로키에 와 보라

와서, 해발 이천삼백 미터의
산간 하이웨이를 달려 보라
와서, 비경의 산자락을 병풍처럼 두른 채
에메랄드 보석처럼 반짝이는
수많은 호수들을 보라
와서, 길이 삼백 미터의 대빙원 위를
거닐어 보라
와서, 광대무변한 만년설 연봉의 상공을
날아 보라
와서 대륙이 용트림하는 거대한 산맥의

파도를 보라

아, 눈과 입이 저절로 확 열리고
가슴속에서 지진이 일어나는
공포의 천지개벽을 보리라
위대한 천지창조의 현장을
목격하리라.

눈물의 벽

예루살렘의 '통곡의 벽'에선
울음은커녕 눈물 한 방울 보기 힘든데
로키의 '눈물의 벽'에선
언제나 눈물이 줄줄 흐르네
아슬아슬 깎아지른 절벽 틈서리에서
그지없이 그지없이 흘러내리네

태고로부터 이제까지
누구의 슬픔을 저토록 서럽게
울고 있는 것일까

아마도 하나님이
허구한 날 못된 짓거리들이나 하고 있는
사악한 세상의 고약한 자식들을 내려다보며
눈물 마를 날 없는가 보다.

만리장성萬里長城

만리장성 오르다 보면
만감이 교차
생각도 만 리

과연 인간 능력의 한계가
어디까지란 말인가
사람은 가장 불가사의한 동물
새삼 그 존재에
모골이 다 송연해지는데

중국이여
만리장성이나 자금성을 내세워
꽤나 잘난 체 자랑하지 마라
그로 인해 흘린 피와 땀
천만리 장강을 이루었으리
그로 인해 눈감은 원혼들의 핏발선 눈물
황하와 황해로 붉게 넘쳤으리.

칭따오*로 떠나요

그날그날이 따분하고 시름겨워
자꾸만 짜증스러워질 땐
중국의 작은 시드니
칭따오로 가는 배를 타자

누구에게 간다 온다 알릴 것도 없이
마치 이웃 마을 마실 가듯
여행 가방 하나 가뿐히 챙겨 들고
뱃길 나그네 되어 훌쩍 떠나보자

사방이 확 트인 갑판 위에 올라가
그지없이 아득한 수평선 위에 떠 있는
크고 작은 이름 없는 섬들도 바라보며
사람은 누구나 저렇게 외로운 거라고
곁의 길손과 속 깊은 대화도 나눠 보고
날아갈 듯 청량한 바닷바람을 만끽하며
그동안 쌓였던 근심 걱정과
부질없는 욕심의 찌꺼기들을
속 시원히 훌훌 털어버리자

날씨 맑은 저녁 땐
하루의 마지막을 장렬하게 불사르고 있는
눈부신 일몰의 장관에 눈 맞추며
어제와 다른, 보다 멋진 내일을 기원해 보자

칠흑의 밤길을 달리는 동안엔
죽이 맞는 동행들과 정겹게 술잔도 주고받고
파도 소리 자장가 삼아 단잠에 들었다가
천길 새벽 바다에서 솟구쳐 오르는
찬란한 일출처럼 힘차게 일어나
신나는 여행 일정표를 짜보자

배에서 내려서는
그림 같은 해변 레스토랑으로 가
칭따오 맥주로 설레는 가슴을 식히며
별미요리 진수성찬을 즐기자

그렇게 4~5일 새로운 활력소를 충전한 후
나는 갈매기보다도 경쾌한 발걸음으로
가슴 가득 신바람을 안고 돌아오자.

* '칭따오'는 중국 산동성 바닷가에 있는 아름다운 휴양 도시 청도의 중국식 발음. 특히 이곳엔 세계적으로 유명한 칭따오 맥주가 있음.

황산黃山 별곡

황산을 보고 나면
다른 산이 보이지 않는다더니
정말 그 말이 맞네그려

산지사방 어디를 둘러 봐도
아슬아슬 아찔아찔한
기암괴석의 까마득한 절벽 위로
기기묘묘한 만물상 퍼레이드

무슨 조화로 세상 명산의 진품들이
여기에 다 진열됐을까
당나라 시선詩仙 이태백도 주봉主峰을 가리켜
"사천 길 바위 벼랑 위에 피어난
연꽃 연화봉"으로 비유, 칭송했거니

아, 동서남북으로 그지없이 펼쳐진
광대무변의 운해 속에
황홀한 절경의 파노라마
오죽하면 나 같은 이방의 나그네들은
그 눈부신 비경에 홀려 사진 찍는 것도

잠시 잊었거늘

어느 누가 이 황산의 진면목을
지상의 다른 산들과 비교해 말하리오

위대한 창조주가 비장의 보물처럼
거대한 구름 보자기로 쌌다 펼쳤다 하며
보여주는 신비의 별천지
천상의 선경仙境, 바로 그것이구료.

황산 연인송戀人松

황산을 오르다 보면
어마어마한 스케일의 오묘한 연봉의 산세와
오싹오싹 아찔아찔한 협곡으로 인해
누구나 탄성이 저절로 터져 나오는데
그런 기기묘묘한 암봉들 말고도
아주 특이하고 야릇하고 희한한 모양새의
소나무들도 즐비하다네

등산로 초입엔 늘씬늘씬한 팔등신 미인송들이 늘어서서
고혹적인 자태로 이 가슴을 설레게 하더니만
산마루에 올라 능선길 따라 이리저리 둘러보니
영빈송, 선인송, 화엄송, 망부송 등
이름도 생김새도 별난 소나무들이 수두룩

그러나 그중에도 유난히 내 시선을 끄는 게 있어
가까이 다가가 이름표를 보니
연인송(Love 's Pine Tree)이렷다!

누가 찰떡궁합 아니랄까 봐
두 몸이 한 몸처럼 엉켜 있는데

늘 황산의 정기를 받으며 살아온 때문일까

사시사철 허구한 날
시도 때도 없이
사랑 중이니
부럽다 못해 배가 아프려 하네
그러나 사람이 항상 저렇게 산다면
과연 행복할까 싶기도 하데.

하늘 호수
−백두산 천지天池에 부쳐

전지전능한 창조주께서
지상의 목마른 영혼들을 위해 파놓은
한없는 생명 샘의 초대형 우물일까

아니면, 이 나라 푸르른 가을하늘을 위해
각별히 비축·저장해 놓은
거대한 쪽빛 물감 탱크일까

아니면, 천사들의 몸단장을 위해
비취 에메랄드 오팔 등을 비장해 놓은
지상 최대의 수중 보석 보고寶庫일까

그것도 아니라면
이 민족의 오랜 고난과 슬픔
그 피맺힌 설움과 아픔의 숨결이
온 산하를 떠돌다 백두대간 정상으로 분출
겨레의 멍든 가슴 위에 고이고 고인
그지없는 한恨의 눈물 호수일까

참으로 신비·오묘하여라

보면 볼수록 그 신령한 영기靈氣로 인해
온 몸 온 마음 온 정신이
온통 숙연해지네.

백두산 미인송 美人松

백두산 천지를 보려고
그 산자락 길 이디쯤엔가 달리다 보니
길가에 늘씬늘씬한 미인들
우리를 환영하듯 줄지어 섰네

얼굴과 몸, 어느 한구석에도
크림이나 분가루 한 점 묻히지 않은
화장기 없는 천연 그대로의 미인들
비바람, 눈보라에도
사시사철 푸르름 잃지 않는
순도純度 100%의 건강이
무슨 컨테스트라도 열고 있는 것일까

그런 싱그러운 무공해 미인들
우리네 시끄러운 세상사 코웃음 치듯
자연 속에 자연 그대로 사이좋게 어우러져
지나는 나그네 가슴 마냥 설레게 하고 있네.

김영랑 생가에서

시인은 많아도 푸대접받기 일쑤인 이 나라에서
죽어서도 대접 좀 받는 것 같은 시인을
강진군 남성리 211번지에서 만났네

일찌감치 세상 시름과 고통을 접을 운명이었을까
47살 한창나이에 포탄을 맞고 생을 마감한
그러나 그렇게 죽었어도 아직도 살아 있는 것 같은
영랑 시인을 여기서 만나 보았네

그의 시처럼 화사 · 화려해 뵈진 않아도
소담 · 질박하게 꾸며진 가옥과 뜰
구석마다 그의 시혼은 아직도 시들지 않은 듯
찾는 이들의 가슴 속에서
모락모락 모란처럼 피어나고 있었네.

청량淸凉 산정山頂

청량산에 오르니
심신이 다 청량해지네

이런 데선
솔바람 맑은 물소리가
불로초不老草인가 봐
젊어지다 못해
어린애가 되는구나

하긴 이런 순간에
이승과 저승이 다 무엇이랴
몸도 맘도 훌훌 벗은 듯
자유의 바람이어라

만물이 날개가 돋아난 듯
모두가 나비처럼 나는구나
흐르는 물처럼 흐르는구나

다시 제주에 가면

다시 제주에 가면
나도 섬이 될지 몰라

떠나기 싫어
돌아오기 싫어
아마 그 앞바다 어디쯤에
슬쩍 남아 숨었다가
섬이 돼버릴지도 몰라

누구에게도 들키지 않으려고
아무도 거들떠보지 않는
작은 바위섬이라도 되어
제주 가장 가까운 바다에
꼼짝 않고 박혀 있을지 몰라

세월아 네월아 가지 말라며
마냥 죽치고 있을지 몰라.

아, 그 이름 도봉道峰이여

도봉이여
세상의 큰 길이 되고
드높은 뜻이 되어주는 산이여

당신의 변함없는 튼실한 무릎 아래서
그동안 덧없이 무너져내리는
권력과 금력의 모래성을 우린 보아왔나니

그리하여 오늘도 우리들은
그대의 품속과 등허리를 거닐며
한 마리 순한 양이 되고 사슴이 되어
솔바람 맑은 물소리로
어제의 눈과 귀를 씻고 있나니
욕심의 군살을 빼며 마음을 헹구고 있나니

도봉이여
선인봉 만장봉 자은봉 신선봉 주봉 오봉이
신비하고 오묘한 조화를 이루며
사이좋게 어우러져 지내는 명산이여
풍진 세상의 초목군생 같은 우리에게도

그대의 슬기로운 한 수를 깨우쳐다오
아직도 헤매는 자들에게 바른길을 일깨워다오

아, 그 이름 도봉이여
험한 서울 바다 맨 앞에 드높이 서서
도봉벌에서 저 암울한 장안 구석구석까지
그대의 넓은 이마 환한 등불처럼
불 밝혀다오, 지켜다오
서울의 등대처럼, 수문장처럼
아, 깊고 높은 뜻의 그 이름 도봉이여.

제3부
·
사랑

영원한 아리아

샘물처럼 샘솟는 외로움이
밀물처럼 밀려드는 그리움이
하늘까지 설움처럼 서렸다가
시도 때도 없이 빗물로 내리나요

겨울이면 더욱 사무친 사연되어
하얀 눈꽃으로 내려 쌓이나요

아, 그런 슬픔의 시간들이
아, 그런 아픔의 세월들이
강물처럼 흐르고 흘러
가이 없는 바다로 넘쳐
불러도 불러도 못다 부르는
천년의 노래가 되나요

영영 부르고 부르다 죽을
영원한 사랑의 아리아가 되나요.

사랑도 (섬)

저 바다 외딴 섬에서
한 사나흘, 아니 단 하루만이라도
몸도 알몸으로 벗어놓고
맘도 맘대로 풀어놓고
그리운 그대랑 그렇게
열리는 대로 다 열어놓고
바다의 바닥에서
한없는 하늘까지
사랑에 사무친 사랑처럼
한 맘으로 물결치자
한 몸으로 파도치자.

* 통영 앞바다에 있는 사량도가 아니라 필자가 임의로 설정한
  상상 속의 섬.

그대 오시라

그대 오시라, 빛발처럼 오시라
한여름 무더위를 식히며 퍼부어 대는
장대비처럼 오시라, 와서
메마른 이 가슴에
한바탕 파도로 물결치시라

그대 오시라, 눈발처럼 오시라
겨울밤 소리 없이 내려 쌓이는
함박눈처럼 오시라, 와서
적막한 이 가슴에
황홀한 눈보라를 일으키시라

그대 오시라, 질풍처럼 오시라
먹구름 한순간에 찢으며 내려꽂히는
번갯불처럼 오시라, 와서
갈급한 이 가슴에
절정의 벼락불을 때려 주시라

아, 나에게 주어진 시간은
이제 얼마 남지 않았는데

마지막 촛불처럼, 가쁜 숨결로 타들어 가는데
그대 오시라, 사랑이여, 어서 빨리 달려오시라.

홀로 사랑

아무도 모르게 기다리고 있을게요
드넓은 바다 어느 이름 없는 섬처럼
그 섬 드높은 언덕 위에
호젓이 서 있는 한 그루 나무처럼
그리움의 편지도 맘속으로만 쓸게요

밤하늘 어느 모퉁이의 외로운 별이
잠 못 이루며 촛불 켜고 있듯이
늦은 저녁 어느 숲속의 작고 쓸쓸한 짐승이
홀로 이슬 같은 눈물 짓고 있듯이
말없이 맘속으로만 생각하며 살아갈게요

기나긴 겨울밤 하얀 눈이 내려 쌓이듯
그리움만 그지없이 쌓여 가도
그러다 한없이 아픔만 깊어져 가도
끝내 목숨 다하는 마지막 그 순간이 와도
조용히 그대를 그리며 눈을 감을게요
저 세상 가서도 부칠 수 없는 편지를 쓸게요
영영 못 잊어 기다리고 있노라고.

천만세의 그리움

깊은 산 속 옹달샘
얼마나 눈물 흘려야 냇물로 넘치나요

그 냇물 얼마나 흐느끼며 눈물져야
긴긴 강물 이루나요

그 강물 또한 설움에 북받쳐
얼마나 그지없이 눈물 쏟아야
마침내 바다도 만나나요

이윽고 그 눈물바다
또다시 얼마나 파도치며 통곡해야
비로소 하늘까지 하나로 닿나요

그런 그 바다만큼
그대 그리워하면 안 되나요
그런 그 하늘만큼
그대 사랑하면 안 되나요.

아름다운 충전充電

그날이 그날 같을 때
그 사람이 그 사람 같을 때
그래서 더욱 자동차와 컴퓨터와
휴대폰 소리가 짜증스러워질 때
아무도 모르게 일상日常을 탈출

아는 사람도 없고
알아보는 이도 없는
따라서 어느 누구의 방해도 없는
태초의 바다, 그 원시의 섬 같은 데로
훌쩍 떠나 달려갈 수는 없을까

거기서 고갱의 타히티 그림 같은
자연 그대로의 각시를 만나
맑디맑은 밤하늘의 영롱한 보석들을 헤아리다
자연스럽게 사랑의 자력이 일어
둘이 하나로 헤엄칠 수는 없을까

꿈처럼 거짓말처럼 그럴 수만 있다면
그건 오히려 무죄이리

바람직한 바람이리

하나님도 용서의 눈짓을 보내리
비록 화산 같은 사랑의 지진으로
온몸이 부서져 모래로 흩어진다 해도
마음만은 더욱 푸른 바다로 살아나
파도처럼 물결치리.

천년의 사랑

이슬 같은 눈물로
가슴에 젖어드는 사람

눈물 같은 강물로
가슴에 흘러드는 사람

강물처럼 바다처럼
가슴에 물결치는 사람

그렇게 그지없이 그리운 밤
가슴에 달이 되어 뜨는 사람

아, 그토록 그대는
한 해가, 아니 한 세기가 저물고
아니 한 천년이 막을 내려도
다시금 내 가슴 깊은 곳에
영원한 비밀처럼 뿌리내려
꽃처럼 별처럼 언제나 피어 있을
백년의 여인
천년의 사랑.

가을 사랑

떠나야 할 시간을 앞에 놓고
우리의 마지막 만남은
다 비운 찻잔 속처럼
썰렁한 소슬바람이어라

헤어져야 할 자리를 마주하고
우리의 남은 시간은 겨우 5분
그것도 지난 3분
아니, 마지막 1분이어라
그런 순간순간이어라

마침내 손과 손을 흔들고 돌아서서도
서로의 손수건 자락에
가장 맑은 물감 적실 뿐
끝내 말로 다 못한 사연은 남아
가슴 안 깊이 단풍드는 이별이어라
그런 사랑이어라.

겨울 사랑

꽃피는 봄날
꽃처럼 피다 시들고
불꽃 같던 여름날도
불꽃처럼 타다 스러지고
어느새 가을, 그리고 겨울

그리하여, 그대와 내가 어느 날
춥고 쓸쓸한 겨울나무로 만난다면
한 사흘 얼기도 하고 한 나흘 풀리기도 하다
하얀 눈 한없이 펑펑 쏟아지는 날엔
두 가슴에 모닥불 지펴놓고
눈꽃 같은 사랑 꽃피울 수 있을까

몸도 마음도 눈사람처럼 한데 어우러져
하루 종일 하나로 녹는 사랑
마침내 이룰 수 있을까.

잊을 수 없는 사랑

만나고 있을 때 몰랐던 그대 생각
헤어지고 난 후에야 알았네

가까이 있을 때 몰랐던 그대 마음
멀어지고 난 후에야 알았네

못 만난 후에도 몰랐던 그대 사랑
생을 접고 난 후에야 알았네.

그런 그대 그리워

쓸쓸한 날엔 나보다 더 쓸쓸한
그대 그리웁구나
울적한 날엔 나보다 더 울적한
그대 그리움 그지없구나

분위기 그럴싸한 어느 만남의 집 같은 데서
잘 끓여진 커피잔이라도 마주 놓고
한참씩 창밖의 빗소리라도 듣고 있노라면
우린 아무런 말 없이 바라만 봐도
한없는 말 한없이 오가며 젖는
그런 사이

멀고 먼 옛적부터
아니, 전생의 언제 어디서부턴가
손에 손잡고, 몸도 맘도 하나로 닿으며
그렇게 머나먼 길 같이 걸어온 것 같은
그런 사이

가슴에 가랑비라도 내리는 날엔
그 자리에 가면 그대로 있을 것 같은

마음과 마음 만지듯 만날 것 같은
둘이면서 둘이 아닐 것 같은
그런 그대 그리워지는구나

쓸쓸함도 슬픔도
한 잔의 술처럼 가슴 적시며
나누고 싶구나.

그지없는 그리움

늦은 봄 어느 날이었지
그대가 내 눈앞에 꽃으로 피어난 것은

한여름 어느 날이었지
그대가 내 가슴에 빗물로 젖어든 것은

그러나 어느 가을날인가
그대는 한마디 말도 없이
가랑잎처럼 쓸쓸히 가버리고

그리고 겨울—
그래도 그리움은 그지없어
추억의 거울 앞에 설 때면
그 아련한 뒤안의 오솔길로
말 못할 그날의 사연처럼, 그 속삭임처럼
하얀 눈 한없이 내려 쌓이고……

아, 그대는 아침 햇살 속의 이슬꽃이었나
꿈속에 나타났다 사라진 밤의 요정이었나

그리운 그 옛날 그대여
아, 그 임이여.

가슴속에 피는 꽃

어둠이 짙을수록 별은 빛나듯이
밤이 깊을수록 아침은 가까워 오듯이
때로는 곤고한 삶이 그대를 눈물짓게 할지라도
한세상 나들이 끝나는 그 날까지
저 밤하늘의 초록별 같은
영롱한 그리움 하나쯤 키우며 살자

오늘이 다하면 내일이 또 열리듯이
내일이 지나면 또 다른 내일이 오듯이
날마다 다른 날처럼 기다림으로 마음 설레면서
마지막 고별의 눈짓 그 순간까지
저 맑은 아침의 이슬 같은
투명한 사랑 하나쯤 간직하며 살자

그리움과 사랑은
가슴속에 피는 가장 아름다운 꽃
언제나 간직해야 할 마음의 꽃
보이지 않는 영원한 보석이어라.

그대는 마음의 양식

그래, 그대는 나의 외로움
그래, 그대는 나의 슬픔
늘 나의 아주 깊은 곳에서부터
나를 깊숙이 흔들곤 했지
언제나 나의 아주 낮은 곳에까지
속속들이 적셔놓곤 했지

그래, 그대는 나의 시련
그래, 그대는 나의 아픔
그 고통은 나의 밑거름
남모르는 높이로 나를 키워주곤 했지

겉으론 남보다 낮은 듯
그러나 안으론 드높이
그리하여 땅에서 저 하늘 멀리까지
비워야 이르는 길을
비로소 이루는 길을
일깨워 가르쳐 주곤 했지.

아름다운 동행

그대 눈 맑은 호수 물결 위에
내 그리움 별빛으로 뜰 수만 있다면

그대 가슴 깊은 골짜기까지
내 사랑 달빛으로 넘칠 수 있다면

그러다
두 가슴에 불꽃 일어
한 많은 한세상 불을 지르듯
아무도 못 말리게 활활 타올라
치솟는 분수의 물줄기 그 절정처럼
사랑의 불길 하늘까지 닿았다가
마침내 순수 무구한 한 줌 재가 되어
어느 아름다운 산천 그대 살결 같은 흙 속에
잦아들 듯 함께 잠들 수 있다면
영영, 영원히······.

사랑도 사계절이네

꽃 피는 봄날
우린 꽃물처럼 물들며
마냥 설레었지

비 오는 여름날
우린 조선종이처럼 젖으며
맨살로 물결쳤지

소슬바람 부는 가을날
우린 가랑잎 가슴처럼
서로가 쓸쓸함 쓸어안고
떠나고 있었지

눈 오는 겨울날
우린 다시 하얀 눈송이로 만나
낮고 깊은 데로
조용히 내리고 있었지

제4부
·
믿음

아내의 기도

아내는 기도를 할 때
눈물을 잘 흘린다

나를 위해 기도할 때도 그런진 모르겠지만
적어도 자식들을 위해
간절히 기도드릴 땐 그렇다

나는 그럴 때마다
아내의 눈에 맺힌 이슬을 훔쳐보며
나도 기도하는 마음이 되어
시편 126편 5절을 떠올린다

-눈물을 흘리며 씨를 뿌리는 자는
기쁨을 거두리로다-

어느 날의 기도 · 3

사람들과 말이 안 되는 날은
훌쩍 산으로 가게 하옵소서
깊은 산 큰 바위에 올라
이름 모를 새들과 만나면서
바람 소리와 지내게 하옵소서

시름시름 시름만 겨운 날은
강이나 바다로 떠나게 하옵소서
흐르는 물살과 파도의 물이랑을 보며
천만년 인고의 물결을 배우게 하옵소서

산과 강과 바다와도 얘기가 안 되는 날은
세상 믿을 것이라곤 없는 날은
하늘로 향하게 하옵소서
떠가는 흰 구름을 지나
그 구름 사이로 깊이 열리는
빈 하늘을 갖게 하옵소서

그런 어느 날
당신의 따뜻하고 부드러운 손을 내리시어
나의 차가운 빈손을 맞아주소서.

어느 날의 기도 · 10

새해 새날은
새로 태어나는 날이게 하소서

어제까지의 어지럽고 어리석은
세상의 어두운 일들을
하얀 눈으로 지워주시고
알게 모르게 지은 죄의 땟국물도
천만년이 지나도 변치 않는
당신의 존귀한 피로 씻어주시고
새 빛으로 열리는 새벽을 열어주소서

간절한 기도를 드리는 가슴마다
시작의 기쁨과 응답의 예감을 보내주시고
하얀 백지가 놓인 빈 테이블 앞에서
새로운 한 해의 설계를 위해
당신의 말씀을 만날 준비를 갖추게 하소서

올해에도 언제 어디서나
감사한 마음 가득하게 하소서.

어느 날의 기도 · 12

얼마나 눈물을 흘리고 흘려야
당신의 눈물과 만날 수 있사옵니까

얼마나 기도를 드리고 드려야
당신의 기도에 닿을 수 있사옵니까

얼마나 마음을 씻고 또 씻어야
당신의 마음을 담을 수 있사옵니까

얼마나 사랑을 베풀고 베풀어야
당신의 사랑을 따를 수 있사옵니까

얼마나 십자가를 지고 또 져야
당신의 십자가에 비길 수 있사옵니까

당신이여
아직도 너무나 멀고 먼 저를
당신 가까이에 가도록 가르쳐 주옵소서

영원한 당신 나라에 합당한
온전한 자기로 자리 잡게 하옵소서.

어느 날의 기도 · 23

아침마다 지구 최초의 날처럼
신선한 출발의 시동을 허락해 주옵소서

맡은 바 그날의 일에는
자기 생애의 마지막 날처럼
이 세상 최후의 시간처럼
신명을 다 바쳐 임하게 하옵소서

먼지의 그림자만 한 잘못도 멀리하여
어느 한순간도 소홀함이 없이
최선을 다해 자신을 다스리게 하옵소서

나라와 남을 위한 사랑도
제 마음속 가장 겸손한 그릇에
하나 가득 넘치게 하옵소서

돌아오는 저녁 길엔
지상 최고의 선물을 받은 사람처럼
감사한 마음 간절하게 하옵소서

그리하여 하루하루가
다시없는 기쁨의 날이게 하옵소서
영원한 나날로 이어지는
좋고도 좋은 날이게 하옵소서.

어느 날의 기도 · 73

저의
힘과
지혜와
용기의
근원이
저 높은 곳에서 이 낮은 곳으로 오신
당신에게서 비롯되게 하옵소서

그리하여 이 땅의
진정한 위대함은
지극히 낮고 소박한 데에 있고

참다운 행복도
똑같이 그러하옴을
항상 가슴 깊이 새기게 하옵소서

그것이 행함으로 이어지게 하옵소서.

어느 날의 기도 · 74

당신 앞에 혼자일 때
비로소 혼자일 수밖에 없을 때
이 외로운 소자小子는
더욱 얼굴을 들 수가 없습니다

기도는 이렇게
눈물이 대신하옵니다

당신이 내린 잔에
눈물만 넘치옵니다.

어느 날의 기도 · 75

저로 하여금 크고 화려한 것에
한눈팔지 말게 히옵소시
작고 보잘것없어도 소중히 여겨
큰 것으로 이루게 하옵소서

비록 겨자씨만 한 믿음일지라도
잘 심고 가꾸고 꽃피워
당신 보시기에 좋은 열매
주렁주렁 맺게 하옵소서

뿐만 아니라
이 어둡고 사악한 세상 길의
반딧불만 한 빛이라도 되어
한 치의 어둠이라도 불사르며 가는
길 밝히는 자 되게 하옵소서.

어느 날의 기도 · 76

저의 펜을
칼보다 날카롭게 하옵소서
총보다 강하게 하옵소서
어느 무기보다도 강력하게 하옵소서

그러나, 그 펜보다도
저의 믿음을 더 돈독하게 하옵소서
당신에 대한 사랑을
더 절절하게 하옵소서

그리하여 이 지상에서 당신 나라에까지
당신을 향해 가는 발걸음이
조금도 곤비치 않게 하옵소서.

어느 날의 기도 · 77

저의 믿음의 집이
만세 반석 위에 터를 잡고
튼실하게 기초를 닦아
만고풍상 어떠한 환난에도
흔들림 없게 하옵소서

그리고
당신을 향한 사랑과 믿음의 나무도
땅 깊숙이 뿌리를 박고
말씀의 거름 듬뿍 받아
당신 보시기에 좋고 좋은
알찬 열매 주렁주렁 열리게 하옵소서.

어느 날의 기도 · 78

제가 기고만장 한없이 건방져져
하늘 높은 줄 모르고 기어오르다가
더는 올라갈 수 없어 위를 보면
어느새 당신은 거기에 와 계십니다

제가 실의에 빠지고 시름에 겨워
무거운 어둠의 계단으로 내려가다가
더는 내려갈 수 없어 아래를 보면
어느새 당신은 거기에 와 계십니다

이처럼 당신은 언제 어디서나
저보다 먼저 와 기다리고 계십니다
저를 끝까지 지켜보고 계십니다

그럴 때마다 비로소 저는 다시 깨우칩니다
"제가 당신을 벗어날 수 있는 곳은
아무 데도 없나이다. 용서하소서."

어느 날의 기도 · 79

이 시대의 어두운 밤을 지키며
빛과 소금이 되려는 성도들의 모임이
때로는 불빛만 휘황찬란 눈부실 뿐
왠지 당신이 보이지 아니합니다

뿐만 아니라
당신이 긍휼히 여기시는 곤고한 이웃들과
그 골목길의 어둠은
왠지 더욱 두터워져만 갑니다

지극히 높은 곳에서
그런 암울한 지상의 일들을 걱정하시는
당신의 우울한 눈빛도
점점 깊고 무거워져 보입니다

걸핏하면 저희들이
겉으로만, 아니 입으로만 당신을 앞세우고
속으로는 저만치 당신을 뒷전으로 밀어놓은 채
저마다 회칠한 자기의 얼굴 앞에다가
화려한 꽃등을 밝히고 있기 때문입니다

그러니 당신이시여
이제라도 저희들로 하여금
진정으로 당신만을 앞세우고
당신의 참모습 가장 가까이에
제일 환한 등불을 켜게 하옵소서

저희들은 당신의 그림자처럼 뒤에서
온전히 당신만을 환히 드러내게 하옵소서
오로지 당신의 빛나는 그 빛만 빛나게 하옵소서

그리하여 당신의 말씀만
그 따스한 은혜의 불빛 속에서
하얀 눈가루처럼 내리게 하옵소서.

어느 날의 기도 · 80

당신이여
저로 하여금 언제 어디서나
때와 장소를 알고 행하는 사람이게 하옵소서

가야 할 때와
가지 말아야 할 때를
알게 하옵소서

있어야 할 때와
떠나야 할 때를
알게 하옵소서

가야 할 곳과
가지 말아야 할 데를
알게 하옵소서

있어야 할 장소와
떠나야 할 곳을
알게 하옵소서

그리하여 언제나 저로 하여금
당신 뜻에 합당한
때와 장소에서 살아가는
신실한 사람이게 하옵소서.

어느 날의 기도 · 82

항시 당신은
우리를 기다리고 계십니다
문밖에 와, 서 계십니다
우리가 문을 열지 않아
문을 두드리고 계십니다

우리 모두가
휘황찬란한 불빛 아래서
떠들썩 왁자지껄 먹고 마시며
세상 재미를 즐기느라
당신의 모습이 눈에 안 보이지만
당신의 음성이 귀에 안 들리지만
당신은 언제나
똑, 똑, 똑…
우리 마음의 문을
두드리고 계십니다

지상에선 머리 둘 곳조차 없이 외로우셨던
당신은 지금 이 순간에도
애타게 우리를 부르고 계십니다.

어느 날의 기도 · 83

저의 적당한 가난을
감사드릴 수밖에 없습니다
그렇지 않았더라면
가난한 사람들의 삶을 모른 채
세상의 한 편만 보며
반쪽의 삶을 살았을 텐데
따라서 진정한 삶의 가치와 의미를 외면한 채
사치와 향락에 눈이 어둬
죄악의 달콤한 짓거리들만 일삼았을지도 모르는데
누구에게나 겸손은커녕 오만불손, 방자
타인들과 불화 · 위화감을 조성하고
수많은 적들을 만들었을 텐데
하다못해 좋은 차 타고 으시대다
큰 사고를 당했을지도 모르는데

그러니 저의 가난을
새삼 감사드릴 수밖에 없습니다
그 가난으로 인하여
갖가지 삶을 두루두루 살게 해주시고
세상살이 골고루 체득케 해주심으로써

남모르는 고통의 눈물 맛까지 맛보게 해주심을
눈물 나게 감사드립니다

이 모든 것이 당신의 깊은 뜻이자 섭리인
헤아릴 수 없는 사랑과 은총이라 믿사올 때
오직 뜨거운 감사, 감사를 드릴 수밖에 없습니다.

어느 날의 기도 · 84

당신과 나 사이
새삼스레 돌이켜 보면
당신은 그렇게도 많고 많은 말씀
내게 선물로 주셨건만
그거나마 50여 년의 세월이 흘러서야
비로소 깨우쳤건만
그 말씀들 중 가슴 깊이 받아들인 것조차
행동으로 옮기기가 왜 이렇게 힘이 듭니까
왜 이처럼 절절한 아픔이 따르옵니까

하지만
저의 이러한 모든 것이
저의 부족한 믿음에서 비롯된 것이오니
저의 구차한 엄살을 긍휼히 여겨 주시옵고
사랑과 용서의 손길로 굳게 붙잡아 주옵소서
더욱 힘 있게 바로잡아 주옵소서.

어느 날의 기도 · 85

당신이여, 인도해 주옵소서
헤어짐으로 만나는 길을
떠남으로 돌아오는 길을
버림으로 얻어지는 길을
비움으로 가득해지는 길을
죽음으로 거듭나는 길을

그리고 당신이여
쓰디쓴 고통의 긴 터널 어둠 끝에서
눈부신 햇살을 만나듯
황홀한 전율의 순간순간을 여시어
감화 · 감동 · 감격의 시간을 살게 하옵소서

그리하여, 이 끝없는 끝과
시작 없는 시작의 연속 같은
당신의 심오하고 거룩한 섭리를, 그 역사役事를
당신이여,
이 아둔한 머리로 하여금 깨닫게 하옵소서
그 깨우침 그대로 그날그날
몸소 실행에 옮기게 하옵소서.

어느 날의 기도 · 86

당신이여, 이 가을엔
당신께 좀 더 가까이 갈 수 있게 하옵소서

육신의 온갖 욕망으로 출렁대던
그 여름 바다를 멀리 떠나
다시금 단정히 심신의 옷깃을 여미며
당신께로 돌아오게 하옵소서

당신 무릎 앞에 엎드려
세상의 오물 다 쏟아버리고
텅 빈 백자 항아리로 다시 놓이게 하옵소서

그리고 당신이여, 이 가을엔
저의 허전한 가슴이 썰렁하지 않고
감사한 마음으로 충만하게 하옵소서

저 들판의 잘 익은 튼실한 열매들처럼
그 알찬 내용의 감미로운 속살처럼
찬송과 기도의 감화감동이
절절히 흘러넘치게 하옵소서.

어느 날의 기도 · 87

가는 길 갈수록 험난해도
오르는 길 오를수록 가팔라도
때로는 캄캄한 어둠 속에서
가슴 저미는 추위와 고통
그 아픔 같은 외로움이 엄습해와도
가로등처럼 묵묵히 밤길 밝히며
그 모든 시련도 감수 · 감내 · 감사하며
비록 내리막길도 골고다 언덕처럼
드높이 여기며 걸어가게 하옵소서

당신을 우러러 한 점 부끄러움 없이
당신 앞에 이르게 하옵소서.

어느 날의 기도 · 88

날이 갈수록
당신 말씀에 귀 기울이는 자
아니 보입니다
눈 뜨는 자 아니 보입니다
따라서 말씀대로 행하는 자도
아니 보입니다

이 패역한 시대를 살고 있는
이 빈자貧者의 가슴엔
오늘도 슬픔만 무겁게 쌓여갑니다
제 잔에 가득 고인 눈물을 거두어 주시고
당신의 은총으로 채워주옵소서
당신의 사랑으로 넘치게 하옵소서.

어느 날의 기도 · 89

어둠 때문에
별과 달을 준비하셨나이까
별빛과 달빛을 위해
저 칠흑 같은 어둠 펼쳐놓으셨나이까

날이 갈수록 어두운 세상
어리석은 자에겐 어지럽고
막연하고 막막할 때가 많사옵니다

하오나
아둔한 제가 암담한 나머지
혹 당신의 뜻에 벗어난 길에서 서성거릴 땐
저를 꼭 바로잡아
가야 할 바른길로 인도하옵소서

고린도에서 로마로 가던
사도 바울의 발걸음을
예루살렘으로 향하게 하셨듯이.

어느 날의 기도 · 90

어쩌면 내일쯤에라도
당신이 저를 부르실지 모릅니다

아니, 오늘 중에라도
아니, 잠시 후에라도
아니, 지금 당장
당신이 저를 오라 하실지도 모릅니다

혹시 제가 그렇게 당신의 부르심을 받더라도
저로 하여금 당혹해 하거나 두려움 없이
의연히 당신 나라로 향하게 하옵소서

아무런 거리낄 게 없이
잘 준비된 신부의 순결한 심신이 되어
당신을 맞이하게 하옵소서

영원불멸의 당신 곁에서
영생복락의 꿈을 이루게 하옵소서.

어느 날의 기도 · 91

외로웁게 하소서
눈에 잘 띄는 것으로부터
귀에 잘 들리는 것으로부터
손에 쉽게 잡히는 것으로부터
그렇게 손쉬운 접속과
은밀·달콤한 감촉으로부터
의연히 멀어져
자유롭게 하소서

그로 인해 소외당하는 일이 있더라도
더욱더 외로웁게 하소서
다른 사람과 다른, 그 사무친 외로움이
삶의 소중한 밑거름으로 여겨져
오히려 감사, 감사하게 하소서

그리하여
텅 빈 제 가슴으로 하여금
당신에 대한 간절한 그리움만으로
절절히 물결치게 하소서.

가을의 기도

세월은 쉬어가지 않고
어느덧 빠르게 흘러가
가로수에 단풍들이 지는데…
주님, 이 가을을
축제와 감사의 충실한
아름다운 계절로 만들어 주소서

주님, 구월엔
여름의 열기와 먹구름을 거두어 주고
태풍과 폭우를 막아
오곡백과가 예쁘게
맛있게 잘 익어가게 해주소서

주님, 시월엔
거짓 선지자와 가짜 뉴스와
괴담의 정치패들 없게 해주고
뭇사람들의 가슴의 문을 열어
어두움과 반목을 없게 해주고
아픈 몸의 영혼들을
위로해 주고 치유해 주소서

주님, 마음의 외로움과
아쉬움과 미련을 없게 해주고
사랑과 믿음을 더욱더 돈독히 해주소서
특히 가을의 오가는
길목들을 풍성히 해주소서

존귀한 주님,
이 민족을 긍휼히 여기소서
이 기도가 가을답게 시답게
멋진 좋은 내용이 되게 해주소서

말 중의 말

나는 사랑이란 말을 사랑하네
어머니란 말도
어머니처럼 사랑하네
하나님이란 말도
하늘만큼 사랑하고 싶네

그 밖에 마음에 드는 말은 만남
그리고 나무, 그리움,
고향이라는 말도 좋아하네
아, 얼마나 정겹고 사랑스런 말들이리

그러나
가장 아름답고 소중한 말은
'아멘'이라고 생각하네
언제 어디서나
영원히 변치 않는 가장 존귀한
세계적인 말이라고 믿고 있네.

채희문 표 시 100편 선집

초판 1쇄 · 2024년 4월 1일

지은이 · 채희문
펴낸이 · 이형로
펴낸곳 · 도서출판 황금마루

출판등록 · 제2010-000158호
주　소 · 우편번호 10510
　　　　경기도 고양시 덕양구 능곡로 30-11, 103-2503
팩　스 · 031-979-9908
전　화 · 010-5286-6308
이메일 · iplee6308@hanmail.net

값 · 15,000원
ISBN · 979-11-88021-25-3

※ 이 책의 내용은 저작권법에 의해 무단 전재 및 복제를 금합니다.
※ 인지는 저자와 협의하여 생략합니다.
※ 잘못 만들어진 책은 교환해 드립니다.

채희문 시인

경기도 포천 출생.
한국외국어대학 독어과에 다님.
「월간문학」 신인상으로 등단.
저서 및 역서로 《세계명작 영화 100년》
《문 밖에서》《쉬쉬푸쉬》《가로등과 밤과 별》
《두 사람의 롯데》《가을 레슨》《밤에 쓰는 편지》
《추억 만나기》《어느때까지이니까》《우이동 시인들》(25권)
《혼자 젖는 시간의 팡세》《소슬비》《고목에 꽃 피우기》
《시집 잘못 간 시집》《바보새》등 60여 권.
한국일보사 주간 월간 일간스포츠 편집부장,
공보처 전문위원 등을 역임.
한국문인협회, 우이동 시인들 회원. 공간시 명예회원 역임.

- 연락처: 경기도 의정부시 부용로 49,
  주공 그린빌 104-701 〈참詩 작업실〉
- 전화: 010-3959-0904

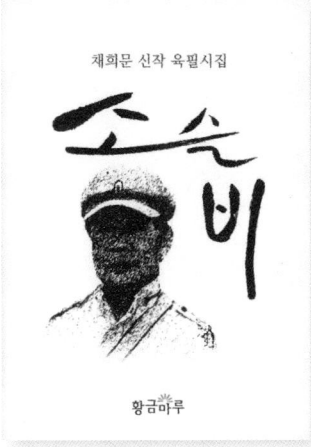